REVERIES OU VERITES

Lyd... ...NY

Rêveries ou vérités…

… un délice de voyages

sur l'océan des songes…

©2018, Lydia Montigny

Éditeur : BoD-Books on Demand, 12/14 rond-point des Champs Élysées, 75008 Paris, France
Impression : BoD-Books on Demand, Norderstedt, Allemagne
ISBN : 978-2-3221-0225-9

Dépôt légal : Janvier 2018

REVERIE

Subtile illusion
Sur les ailes d'un papillon
D'un vol vagabond
Elle s'évanouie en tourbillon…

REVER...

Rêver... entre l'absolue légèreté au corps qui flotte lascivement, et les rêves qui viennent doucement éclore dans les pensées...

Comme il est doux de rêver, de se laisser croire que le temps n'a plus de valeur, que la réalité est la transparence de ces songes...

Rêver encore... et se réveiller en souriant...

SI TU ETAIS …

Si tu étais
Un ange, tu me dirais
Comment comprendre enfin
Les lignes de la main
Et pourquoi ce chemin
N'a de fin, n'a de fin…

Si tu étais
Un ange, tu serais toujours là,
Toi mon unique ami,
Tu m'écouterais tout bas
« Aide… protège, soigne… merci… »
Tu guiderais mes pas
Je sais que ta présence
Invisible est ma chance

Si tu étais
Un ange, il aurait ton visage
La force douce et sage
Confiance à mon cœur
Et je crois au bonheur…
Si… Quelle est donc cette plume … égarée ?
Qui vient sur mon épaule, … se poser ?

Questa pietra che piange
Quando stringi i pugni
E una lacrima dil cuore
Sfuggita al destino

Cette pierre qui pleure
Quand tu serres les poings
C'est une larme du cœur
Echappée au destin...

CHUT !

Dans un ciel immense
Sagement je me balance
Entre les nuages d'argent
Et les grands cygnes blancs

Sur le lac glacé
Je me laisse glisser
Des arabesques givrées
Viennent s'y cristalliser

Dans la vapeur matinale
Brillent des gouttes opales
Et j'erre là, légère
Tel un parfum dans l'air

Je dors les poings serrés
Pour ne pas qu'on me prenne
Mes rêves et mes secrets
Chut !... « Ne pas me réveiller ! »...

…DELICATESSE…

A mettre son cœur dans les mots, on change de forme…

Elle devient celle dont celui qui en a besoin, lui donne…

Puisque c'est la forme de ta gentillesse,

L'arc-en-ciel n'aura pas assez de couleurs pour cette délicatesse…

CIEL !

Tu regardes les nuages
Le doigt posé sur la bouche
Comme un enfant bien sage...
Des animaux farouches
Se forment et se déforment
Minuscules ou énormes,
Ces boules de coton,
Sont de libres électrons...
C'est ton imaginaire,
Pays extraordinaire...
Et tu regardes encore
Ces reflets blancs et or
Tu aimerais savoir
D'où leurs vient ce pouvoir
De flotter dans l'espace,
Acrobates fugaces !
La réalité est la question
Mais la passion a raison !

ROSE ?

Hypnose… et j'ose
Te faire disparaître
Pour ne plus toucher terre,
Sans peine et sans peur,
Sans aucune douleur…

Hypnose… un regard fixe
Tu deviens Nixe…
Hypnose ou hypotypose ?
…Pour une mélodie rose…

... Laisse-moi
T'apporter la lumière
Quand il fait sombre dans ta vie,
Colorer ce souvenir d'hier
Pour qu'encore tu ries !...

... Laisse-moi
Dévaster en douceur
La tendresse de ton cœur,
Reposer en apesanteur
Sur des plages de bonheur...

... Laisse-moi
Imaginer ton nom dans ma main
Tatoué comme un signe divin
Et tu la prendrais encore une fois
Encore... Tu crois ?
... Ne me laisse-pas...

LE MAGICIEN

… Et voici le magicien
Qui fait de rien, mille trésors,
De poudre aux yeux, en poudre d'or…
Nait dans sa main, un lendemain
Comme un hier dans le matin…
Néant subtil, ce n'était rien
Qu'une illusion à une histoire…
Mais tout le monde veut y croire….

…SILENCE …

… et je marche pieds nus dans la nuit, les ombres dansent autour de moi, gracieusement…

… alors je regarde le ciel tandis que l'incroyablement lointain ballet des étoiles s'allume…

…en silence…

REALITE

Tu es encore là...
Le doigt pointé sur moi,
Et je ne bouge pas ???
Tu glisses, tu tapes
Puis mords ta lèvre, comme ça...
Ton sourcil est inquiet
Et tout à coup, tu as trouvé !
Tu ris, tes doigts claquent !
Mais l'écran s'éteint, je disparais...
Je suis encore là,
Le doigt pointé vers toi,
Ne bouge pas, je suis la Réalité... !

Le grand cygne glisse sur le lac blanc
Et son long cou s'incline gracieusement...
Il enroule ses plumes autour de la lune
Tendrement... rayonnant comme un diamant...

CIRQUE DU SOLEIL

Je marche les yeux fermés
Posant d'un devant l'autre, un pied
Sur un long câble d'acier
Les bras sur l'horizon, écartés…

… Rien ne peut me déséquilibrer
Sachant quel muscle doit se serrer
Lorsque l'autre devra se dénouer,
Et quand il faut respirer…

Pour garder intact votre plaisir
Je porterai le masque du sourire
Vous ne saurez combien j'ai dû souffrir,
Mais aujourd'hui, je viens vous l'offrir
C'est le jeu de l'élégance facile
Je marche là-haut, respectueuse et gracile…

Je vais sur le fil de la vie
Heureuse de vous avoir ébloui
Radieuse que vous ayez compris…
Merci d'avoir applaudi… Merci !...

J'ai rêvé d'un monde… ailleurs
Où je n'étais pas moi
Où tu n'étais pas toi
Où le temps n'avait pas d'heure
Pas de crainte, ni d'horreur,
Juste un vent de douceur…
Il fallait tout inventer…
… Et le soleil s'est levé !…

…ENDORMIE…

Parle-lui dans un langage
Appris lors d'un voyage
Au milieu d'animaux sauvages
Et de signes n'ayant plus d'âge…

Parle-lui de la lumière
De la magie de ces pierres,
Des ondulations qui dansent
Et des danses en transe…

Parle-lui de la vie
Du beau temps, de la pluie,
Parle-lui… elle sourit…
Chhhut… elle s'est endormie…

En la transparencìa del dia que se levanta
Flota todavìa el perfume de mi sueño...

Dans la transparence du jour qui se lève
Flotte encore le parfum de mon rêve...

Les bras ouverts au ciel
Tu espères le soleil…
La pluie coule sur ton visage,
Tes yeux implorent le présage…

Tu ouvres les bras sur la plage
Au vent et jusqu'à l'orage,
Les embruns sont suaves et salés
Comme cette larme évadée…

Garde les bras ouverts
Les mains dans la lumière,
Je m'y refugierai…
Tu pourras les refermer
Comme des ailes sur ma vie,
Sur ce rêve inassouvi…

Si le rêveur est cet être indomptable,
au sourire si calme,
au regard si intense,

C'est parce qu'il veut attraper l'espoir
et l'offrir…

...SUR LE QUAI DE LA GARE...

A la gare… sur le quai
Le train va arriver…
Sur les rails glacés
Il va s'arrêter…
Personne ne l'a vue
Et pourtant, elle est là…
Le froid mord ses mains nues…
En « jamais » elle ne croit,
En « toujours » elle espère…
C'est le temps qui s'empare
De son heure à la gare…

LOUP…

« Je hante ta nuit…
J'entends ta vie…
Le vent fait le bruit
De mon pas ami… »

Les Templiers ont dit :
« Fils de la Louve, tu ne geins,
Car la meute te soutient !
A la chasse parmi les tiens
A la queue leu-leu, il convient
De ne point être blanc »…
Et il s'en fut, nonchalant, chaloupant…

Le sort en fut jeté !
Pour fuir l'entourloupe
Sur sa tête de loup,
Il posa un beau loup
Et pour parfaire le tout
Revêtit une touloupe…
D'un seul saut il entra
Dans cette bergerie,
Mais au lieu de brebis
Un enfant, il trouva…

…/…

.../...

Ils partirent tous deux
Dans les alpages bleus…
Froid de loup ou bien faim
L'enfant n'a jamais craint.
Parfois on croit les voir
Entre chien et loup… Allez savoir…
Ils marchent dans la nuit
En écoutant ta vie…

Imaginer,

C'est la capacité à voir ce qu'il y a derrière le dessin d'un enfant...

et l'adulte n'y voit qu'un dessin d'enfant...

RENTREE

Je m'étais assise là, les coudes sur le bureau, les mains sous le menton, les yeux sur le tableau vide, et...

J'avais préparé mes cahiers, m'appliquant à écrire mon nom en belles lettres avec pleins et déliés ; J'avais trié dans ma trousse, les stylos tout séchés, jeté mon petit crayon mâchouillé, et nettoyé ce stylo plume qui a écrit des kilomètres de phrases et de formules mathématiques... les crayons de couleur étaient tous bien taillés, et la grande règle rangée...

J'avais parcouru quelques pages de l'agenda, et sur la première, il y avait ce jour entouré, angoissant, celui qui vous empêche de dormir, celui où vous ferez connaissance avec les nouveaux élèves, les nouveaux professeurs, le premier jour de toute cette année scolaire...

Je m'étais assise là, les coudes sur le bureau, les mains sous le menton, et la cloche a sonné, sonné...

Je me suis souvenue tout à coup que je n'étais plus derrière le bureau de l'élève, mais celui du professeur...

Mais rien n'a vraiment changé...

BRIN DE VIE

La libellule voltigeait, filait à la surface de l'eau tiède du lac... de roseau en filipendule, de ligule en saule pleureur, elle allait dans sa valse, dessinant hyperbole et parabole, volant aérienne telle une bulle de lumière... Puis elle se posait là, offrant le bleu vert de ses ailes immobiles au soleil...
Alors l'instant se figeait, transparent, fabuleux, dans le doux crépuscule...

GRISAZUR…

Dans le bleu du Paradis
Il n'y a pas de gris
Pas de place pour l'oubli
Pas de vide, juste un Oui…

Dans le bleu de la Vie
Il y a le gris de la pluie
Dans le gris de la nuit
Le bleu m'éblouit…

Dans le ciel si bleu
C'est la magie des dieux
La vérité au fond des yeux
Un Toujours si précieux…

MINUIT

Quand minuit s'évanouit dans l'ennui
C'est le point d'eutexie,
Il ne peut poindre dans la nuit
Que le parfum d'une belle-de-nuit…

Dans la rosée du matin
Dansent les lutins.
Ils tapent dans leurs mains
Pour chasser le chagrin…

Dans l'air chaud de midi
L'elfe tout ébloui
Fait s'évanouir les ennuis
Puis s'envole et sourit…

Dans l'air doux de la nuit
La fée pose sans bruit
Sur ta lèvre un baiser… et tu ris !…
Elle rougit… et s'enfuit…

CONTINUER

Continuer de danser quand la musique s'arrête, de lire quand le livre est terminé, continuer d'écouter lorsque l'histoire est finie, et continuer d'avancer quand on croyait que tout espoir était abandonné et parti à la dérive...
Continuer de croire, ... toujours...

PAGE 19... ET 20...

J'attends l'instant divin
Où je lirai la page 20...
J'imagine tant de scenarii,
Une prose, une poésie,
Avec des mots choisis,
La surprise est libre à l'infini...
Une page de couleur
Ne serait pas une erreur
Car c'est en toute candeur
Qu'elle esquiverait sa blancheur...
J'attends que ta main
Dessine le magnifique chemin
De tes belles pensées
Ou de ce rêve insensé...
L'origine de tout espoir
Est la plume de l'écrivain dans le soir...

METAMORPH...OSE...

Si le geste ne s'impose
Dans le silence qui implose,
Il demeure bien des choses
Dans un regard qui ose
Et caresse une rose,
Couleur passion, parfum d'osmose...
La pudeur imagine en prose
Ce que la fougue propose
Et te métamorphose...
Alors l'instant devient grandiose...

Mets ton rêve sur la page... pas en cage
Mets ta vie sur la ligne... invisible et subtile
Mets tes pensées sur les mots... et les maux
Mets ta main sur mon cœur... tu es mon apesanteur...

Metti il tuo sogno nella pagina... non in gabbia
Metti la tua vida sulla linea... invisibile e suttila
Metti i tuoi pensieri sulle parole... e il dolere
Metti la mano sul mio cuore... tu sei la mia assenza de gravità...

PENSEE

Même si elle est indéchiffrable,
Doucement improbable,
Une pensée inépuisable
C'est une force inestimable...
Je me ferais rose des sables
Dans l'insomnie inavouable
De tes nuits indomptables...
Une pensée douce et inguérissable,
Coupable d'être si agréable,
Et merveilleusement insaisissable...

Le monde idéal

serait celui où

il n'y aurait jamais besoin

de prononcer le mot

« NON »...

Ferme les yeux
Et fais un vœu
Un seul, celui que tu veux
Qui te rendra heureux….
Mais tu triches un peu
Tes mains sur mes yeux
Ton silence amoureux
Faisons un vœu
Un seul pour deux
Dans l'espace miraculeux…

LA PORTE

Elle ouvre sa fenêtre
Sur le jour qui va naître
Dans la fraîcheur calme
Du jardin aux mille âmes…

Elle ferme le volet
Au soleil de l'été
Comme on ferme les yeux
Dans le feu d'un ciel bleu…

Elle reste à la porte
Serrant contre son cœur
Son petit porte bonheur…
Et met la clef sous la porte…

... Fermons nos livres pour aujourd'hui
Bientôt arrivera la nuit...
Dans les draps de notre sommeil
Laissons dormir pour quelques heures
Les petits rêves du bonheur...
A demain, sur cette page... ou ailleurs...

Elle erre dans les châteaux
Oubliés, abandonnés…
Les portes n'ont plus de clef
Les fenêtres, plus de rideau…
Son voile se déplace
Ne laissant aucune trace,
Légère et silencieuse
Elle souffle les veilleuses…
Le vent chante parfois
Pour la « dame d'autrefois »,
Prisonnière du passé
Elle voudrait disparaître
Et rejoindre les anges…
Si un jour vous croisez
Cette silhouette étrange,
Laissez la porte ouverte
Et un grand lys blanc
Noué d'un long ruban…
Alors elle s'en ira…
Vous verrez dans le ciel
Un ruban blanc flotter…
Elle veille sur vos sommeils
Et chantonne tout bas
D'une voix douce et… voilée…

DEFINITION

L'Imaginaire :

« Magie de l'image dans l'Air… »

Il arrive indéniablement
Avec son froid fulgurant…
Il va, glissant doucement
Sur le sol se verglaçant,
Ses yeux d'or se plissant
Pour entrevoir le blanc
Déposé sur les champs…
Il bouscule le vent,
Pour passer d'un pas lent
Le ruisseau pétrifié,
Sans y tomber…
Le piège est imminent…

Les cascades sont sculptées
En scènes imaginées
Par un enfant émerveillé,
Et les fleurs se sont cristallisées
Sur les vitres abandonnées
D'une cabane fermée…
Dans ce paysage marmoréen
Il hurle… tel un loup sibérien…
Il hurle…

CHOUETTE DE COUETTE !...

L'hiver tape à la fenêtre
Je me cache sous la couette
Le ciel secoue son oreiller
Les blancs flocons sont tombés... !
L'hiver, c'est déjà demain
Noël chantonne ses refrains
Le hibou répond au loin
Du haut de son sapin
La poésie n'a pas de nuit
Pas de jour... l'hiver est... poésie... !

LA SIESTE

Mollement étendue... la sieste s'empare d'un morceau de ma vie...
On entend à peine l'air passer dans les hautes herbes... justes la stridulation de sauterelles et grillons...
Le parfum des grands pins, des immortelles et du thym se mélange à celui du jasmin couvrant la tonnelle...
A cette heure sacrée, on n'a envie de rien, pas même de connaître la position des aiguilles sur la vieille horloge...
On se laisse porter par un tiède engourdissement... La respiration se ralentit, suivant la dernière vague imaginaire s'échouant sur la plage... les paupières sont si lourdes... les battements du cœur se font doux... comme un flottement qui dépose un sourire presque complice sur un visage, rêvant d'un souvenir sur un paysage...
Là, dehors, le soleil est droit debout au zénith, et ses rayons d'or glissent entre les volets mal fermés...
C'est la quiétude le la sieste...
Chhhhhut !...

NIXE

Ton délice exquis se lit, se vit, mais ne se dit...
Elle sourit complice, puis s'esquisse, s'esquive, et se glisse lascive dans la vague... Tu penses oisif, assis sur le récif, sous la douceur de ta laudatrice... L'onde se plisse, puis se lisse en vagues évasives sur l'horizon...
Laisse ici tes soucis...

VOL

Je vole en éclats de rire
Que je ne peux retenir…
Je vole quelques chiffres
Pour le moins évasifs
Même les hiéroglyphes
Se sculptent, oisifs…
Je vole tout en haut
Ce qu'on dit tout bas,
Je vole et voltige
Frénésie du vertige,
Je vole, tel Eole,
La Terre sans boussole…

CONTINE DE LA CHENILLE…

Une petite chenille s'en allait mesurer la longueur d'une feuille…
Du bout des dents, elle grignota avec gourmandise l'objet de ses opérations, et lorsqu'elle eut enfin le résultat, la feuille avait disparu…
Mais poursuivons notre contine…
Les jours se suivirent, puis, s'arrêtant sur son chemin dans le soir, la petite chenille s'installa sur une jolie brindille et s'endormit… Au lever du jour, un magnifique papillon naquit de cet étroit carcan…

Il va sans dire que les couleurs irisées et les camaïeux de vert poudrant ses ailes, venaient de ses longues feuilles vertes qu'elle avait patiemment « mesurées ».
  Bien des papillons viendront voleter par ici, et si par bonheur vous découvrez une chenille, tendez lui une feuille… et pariez qu'elle sait compter !…

J'aimerais être la couleur de l'air...

... celui où tu te laisses aller à de subtiles rêveries...

… Et puisque ma page est blanche
Qu'elle devienne un oiseau
Qui s'envole de la branche
En quête d'un petit morceau
D'une mélodie aérienne…
La vie est une magicienne…
Et au bas de cette page griffonnée
Mes rêves, comme l'oiseau, se sont posés…

MURMURE

Ferme les yeux...
Et écoute le murmure
De cette bise légère
A travers les arbres verts,
Monosyllabe, elle court,
Glaçante et sans détour...

Ferme les yeux...
Et imagine le bourdonnement
Des fleurs dans le printemps,
La mélodie des cigales
Dans les lavandes provençales,
Le ronron d'un chat roux
Si rusé mais si doux,
Et la plainte hivernale
Dans l'aurore boréale...

Ferme les yeux...
Et écoute le murmure de la vie
De cette vie qui a toujours raison
De cette raison qui est ma Vie,
Le doux murmure du diapason...

Dans ton rêve immobile
Nait cette fragile
Et délicate idylle…
Elle s'éveille et file
Sur l'onde docile,
Mirage impassible
Merveilleusement subtile…
Tu aimerais qu'elle resquille,
Qu'à ton réveil, ce ne soit vétille…

CHUT !...

Il y aura un matin
Où tu te réveilleras en te demandant où tu es...
N'ai pas peur, je suis là...

Il y aura un jour
Où tu comprendras qu'attendre n'est pas une notion de temps, mais juste de volonté...

Il y aura une nuit
Où tu rêveras que je te parle... je te parle...
Et tu sauras que c'est vrai... que c'est vrai...

Alors ?

Fais de beaux rêves... de beaux rêves... rêves...

... Chhhhut !....

Encore, c'est encore très loin
Si loin, le pays d'où tu viens ?
Les lois du temps n'existent pas
Et les soleils ne dorment pas,
Chaque saison porte le nom
D'un illustre mage vagabond…

Encore, raconte-moi encore
Ces longues nuits couvertes d'or
Tous ces sourires sur les visages
Et ces livres qui n'ont pas de page…
Tu es présent, tu es absent,
Tu es partout dans l'inconscient…
Encore, c'est encore très loin
Si loin, la planète d'où tu viens…

Pose ton doigt sur le soleil
Et dis-moi où tu vas…
Pose ton pied dans le sommeil
Et dis-moi pourquoi tu y vas…
Pose ton âme sur une partition
Et joue-moi l'air de cette chanson…

L'ORANGER DES OSAGES

Je me suis allongée
Sous le vieil oranger,
Son arôme m'a plongé
Dans la tiédeur ombragée
De l'été... J'ai songé
Aux présages des nuages,
Mes yeux dans ce voyage
Se fermaient sur leur image...
J'ai fait naufrage
Sous l'oranger des Osages...
Quelle douceur prolongée,
Exquise lassitude,
Paresse en toute quiétude...
Souffler.... Et ne pas me réveiller !....

Elle baissa les yeux dans une longue révérence,
Sa nuque souple s'inclina sous ses longues boucles brunes…

Elle fit un, puis deux, et trois petits pas en arrière,
s'enroulant doucement dans son étole,
Elle se balança, déliant ses bras comme des ailes…
puis s'élança d'un saut de biche, les yeux plein d'étoiles, et s'évanouit dans la nuit…

Prenez un rêve et retrouvez-la !...

QUI SOMMES-NOUS ?

Aventuriers du futur,
Il est de bonne augure
De se montrer plus dur
Qu'un graphème pur…
Pas de faille, ni césure,
Quelle magnifique armure !
Je chevauche la monture
De la vie sans dorure,
Plus aucune blessure
Ne pourra d'aventure
Entraver son allure.
Sensible, je jure
Qu'à l'instant de ma capture
Ne pas résister à la torture
D'un amour pur…

Le plus gros des ordinateurs

peut avoir toutes les données de tous les langages informatiques du monde,

Il ne dira jamais :

… « je pense »…

... LE SILENCE D'UN REVE...

Le silence d'un rêve
Se lit sur ton visage,
Tu le protèges, si sage,
Et pour qu'il ne s'achève,
Tu glisses sur cette page
Ta plume comme un nuage...
Tu rêves d'elle sans bruit,
Le silence a des ailes,
Et puis tu lui souris...
Ton rêve, ta vie, c'est elle...
Le silence s'achève :
Tu l'appelles dans ton rêve...

GRACE ARABESQUE

Quelle belle assurance de faire un seul pas, en ne posant que la pointe du pied sur le sol, et de déployer les bras, là, dans le prolongement des épaules, comme des ailes, en pointant l'horizon du bout des index, le regard un peu plus haut, un peu plus loin,

… juste l'instant l'un long battement de cils…

LA MARIONNETTE

Petite Marionnette
Dans ta robe si sage
Sur un livre assise
Tu attends le poète...
Sur ton joli visage
Où les rêves se lisent,
Tu cherches du regard
Les grands ciseaux d'or
Pour couper les ficelles...

Fini les cabrioles
Et figures imposées,
Tu veux fuir ta geôle,
Vive la liberté !
Les manipulations,
Il n'en est plus question :
Seule tu veux marcher,
Applaudir et danser...

Petite Marionnette
Libérée, elle s'élance
Au cou de son poète,
Et pour le remercier
Lui fit une révérence
Sur la pointe des pieds...

L'école apprend
les lettres, les chiffres, les arts, les langues, les sciences,

Mais pas à gribouiller nos cahiers de ces indispensables rêves…

A moins que cela ne soit ça… l'école buissonnière ?!...

J'écris en rose
Quelques mots, quelque prose,
Rêvant de quelque chose…
C'est un bouquet de roses
Devant une porte close…
Ouvre-la… ose…

J'écris en vert
Ces lignes, ces vers
En rond et en travers…
Quelle musique dans l'air !
J'écris au fond d'un verre,
Il est minuit, il faut se taire…

J'écris en khôl noir
Sur le tableau du désespoir,
Sur le sillon du vinyle noir…
Je glisse dans le soir
Comme la soie de ce bas noir
Dans le silence du miroir…

J'écris en bleu
Tous les soleils de tes yeux
Tous les torrents joyeux…
Du mieux que je peux
D'écris pour que ton ciel soit heureux
Mais est-ce là un aveu ?

    …/…

…/…

J'écris en blanc
Inexorablement
Cet instant au présent innocent…
Par la plume de l'oiseau blanc,
A l'encre de mon amour et de mon sang
J'écris… Signé : « *immortellement* »…

Un jour, j'inventerai des mots,
Et je composerai une phrase éternelle
Dans une langue Universelle,
Qui traversera les années...
Quelques idéaux incroyablement beaux
Voire inoubliables... je trouverai...

ECRIS…

Ecris sur le mur
Cette belle aventure
Et tes mots les plus chers
En deviendront les pierres…

Ecris sur le ciel
Les soupirs du vent
Et la bise des serments
Se fera de miel…

Ecris dans tes rêves
Le jour qui s'achève
Et je resterai là
A te parler tout bas…

ETOILE DE L'AMOUR

La fée de la nuit en voile de lune
Est venue allumer les étoiles une à une
Dans un ciel marine, océan de mes songes.
Ces fleurs de cristal, irisées de secrets
Viennent sur l'onde, et lascives, s'allongent...
La plage est leur lit, l'écume leurs duvets...

Un nuage de brume cheminant sur les dunes
Laisse dans son sillage la blancheur de sa plume.
Le sage qui viendra, la prendra dans ses doigts
Le temps de faire un vœu sur un souffle enchanté.
Si le sable a ses roses, l'homme a la liberté
Si la nuit est un rêve, le bonheur est ma loi.

.../...

…/…

Au soleil de l'oubli naissant dans la nuit
La pâleur d'un ange se dessine sans bruit.
Il veille en souriant sur l'étrange miroir
Aux reflets de ta vie, image de l'espoir…
La fée de la nuit en voile de lune
S'évanouira dans l'aube, et puis, une à une
Les étoiles fileront doucement dans les cieux
Etoiles de l'Amour scintillant dans tes yeux…

A peindre des roses

sur tous les rêves,

on oublie

qu'il y a des épines

dans la réalité…

...SUR LA PAGE ENDORMIE ...

Tu rêves d'une plage
Où l'unique coquillage
Se berce dans le soupir
De la vague qui s'étire...

Je rêve de la nuit
De l'écho de ta vie
Et son battement me dit
Que tu lis et souris...

Tu rêves d'un voyage
Aux aurores boréales
Où tes bras sont l'escale
De mon cœur en nuage...
Je rêve d'une page
D'une douceur infinie
Où ton visage enfin s'appuie...
Tu t'endors... si sage...

PENSER…

Penser… dans le calme du soir
Que la lueur dans le miroir
Est la raison de la victoire…
Penser… c'est avancer vers l'espoir
Encore et toujours croire
Que l'âme seule peut voir
Ce que le cœur peut vouloir…
Penser… quand le silence a le pouvoir
De rester immobile, voire
D'être le sage discours du savoir,
Penser… et écrire une Histoire…

Elle va dans le froid
Transperçant tout ce temps,
Et lui mordant les doigts
Bleuis et tremblants...
Ses pauvres habits...
De lainage trop vieux
Alourdis de pluie
L'engluent comme un adieu...
Son chemin l'emmène
Pas à pas dans l'hiver
Dans la terre de sienne
Sans un mot de prière,
Alors au loin se dessinent
Le relief des collines
Les montagnes escarpées
Où les arbres viennent toucher
Le ciel couleur de plomb...
Les nuages argentés
Cruellement ont déchiré
Ce paysage noir et triste
Dans des formes irréalistes...
Les sifflements aigus du vent
Poursuivent en de longs frissons
Sa silhouette se glissant
Sans s'arrêter, sans abandon...
Pour quoi ? Pour qui ?
Elle traverse l'oubli...

On peut traîner les pieds dans les ombres,

Mais on doit toujours regarder le ciel

et son soleil de plomb

Quoi qu'il advienne…

Sur le cadran du temps
Tourne ce monde fou,
Un manège insensé
Où nous devons jouer
De mille et un atouts....
Sur le cadran du temps
Passent les heures sages
Reflets de ton image,
Des heures où l'on oublie
Les choses de la Vie.
Sur le cadran du temps
J'ai gravé à chaque heure
Les lettres du BONHEUR

J'ai construit une maison de papier
Et de vieux cartons oubliés,
Puis l'ai peinte couleurs du temps
Sans porte, sans volet... pour le vent...
Il y fait doux, il y fait bon...
Comme un havre, un nid tout rond.
Elle sent la fleur d'oranger
Le jasmin, et l'herbe mouillée...
La lumière doucement le matin
Se pose sur mon drap de lin,
Me chatouillant les paupières
Pour que s'évaporent les rêves...
Les partitions des rideaux volent,
Musiques légères sans parole...
J'ai construit une maison de papier
Alors tu as soufflé sur les nuages,
Endormi les tornades et les orages
Pour ne jamais me voir pleurer
Juste me protéger comme un trésor
Et dans mes rêves te voir... quand je dors...

AUJOURD'HUI...

C'est le jour de l'hiver
Et de son glacial univers,
Sublime enfer qui brille
Ou douceur givrée qui scintille,
Un paradis de poésies
Que j'écris dans sa nuit...

LE BANC DU PARC

Sous un arbre du parc
Face à l'immense lac
Il y a un banc
Qui a l'âge des passants.
Il a vu des enfants
Venir s'y agripper,
Puis un jour le lâcher
Et tout seuls, marcher
Pour la première fois.

Il a vu s'égarer
Les idées vagabondes
Des artistes inspirés
Par le reflet de l'onde…
De quoi en rester coi…
Ce joli banc tranquille
Etait le confident
Des âmes esseulées…
Il était comme une île
Intimes aux sentiments…

…/…

…/…

Il a vu les saisons
Colorer la nature,
Et le poids des années
Arrondir sa droiture…

Parfois au bord du lac
Quand le soleil est bon
Il est doux de marcher
Jusqu'au… banc du parc…

A peine poses-tu sur moi les yeux
Que tes mains sont déjà
A me déshabiller de mon soyeux
Et délicat apparat...
Tu m'enserres entre tes doigts......
Quel effroi ! Quel émoi !
Mais je fonds doucement
Dans l'instant si violent...
La chaleur qui t'attise,
Te bouleverse et te grise.
Que dire de la passion
Perlant sur ton front ?
Tu me dégustes en secret...
Réglisse douce, vanille ambrée,
Guimauve mauve,
Caramel roux et fauve,
Tant de saveurs
Tant de couleurs
Un voyage qui t'émoustille
Qui suis-je ?... Un Bonbon ?... Secret de fille !

QUIETUDE

… Et tu me parleras, … je te regarderai…
… et… Plus rien…

… Je resterai là, immobile, en toute quiétude, sans pouvoir dire…
… juste en apesanteur, me noyant sans me débattre…

… et je n'écouterai ni n'entendrai plus rien, je ne serai plus en mesure de comprendre les mots,

Il ne restera que le bleu intense de l'océan, couleur de ces reflets dans tes yeux…

… et là… je me réveillerai !...

L'ARBRE DE VIE

J'accroche des mots
Aux branches de ma vie,
Sur mon tronc, un peu de mousse
Et quelques chiffres aussi...
On me taille ? Je repousse
Plus fort encore
Sous mon écorce...
J'abrite les sages,
Les sauvages, les adages,
Lieu de poésie
De flânerie, de rêverie...
Je n'ai plus d'âge,
Mon cœur est votre otage,
Mais je suis là
A regarder le monde
Les saisons dans leur ronde...
J'écoute le silence dans le vent
Et le chant des oiseaux...
Le paysage est souriant
Il fait si beau...

... C'est une page LIBRE

qu'on ne peut LIRE

sans REVER...

LE REVERBERE

Au pied d'un réverbère
Une plante avait poussé.
Le jour, elle craignait
Que des pieds ne viennent l'écraser.
Dès le soir, dans son halo de lumière
La plante le remerciait.
Le temps et les saisons ont passé,
Un arbre gigantesque a poussé.
A protéger la vie un peu,
L'avenir devient merveilleux…

Comment refaire le monde ?

Le réduire à quelques feuilles de papier...

Et les donner à un enfant qui saura en faire
Un magnifique origami !...

MIRAGE

Au clair de lune, je prends ma plume
Et une à une, les Stars s'allument
Dans ton regard, comme un miroir...
Ton désespoir fuit dans le soir.
Tu songes encore le cœur en peine
A ce remord... l'âme en peine...
Tu rêves le jour, et la nuit même
Dans ton sommeil, tu pleures quand même...
Pluie de soleil sur ton visage.
Suis l'arc en ciel et son sillage
Jusqu'aux couleurs de son rivage...
Au clair de lune... c'est ton mirage...

L'INACHEVE ?...

Tout ce qu'on en sait,

C'est qu'il a un début...